「万人の知恵　その十」

介護をされる側になった時に
自分たちが使いたいサービスをつくる！

会社を大きくするより、良い会社つくりたい

～今でもあの１００円札と飴玉は僕の宝物～

著者　川内美喜男
工藤　直彦
編集　万代宝書房

介護をされる側になった時に

自分たちが使いたいサービスをつくる！

会社を大きくするより、良い会社つくりたい

～今でもあの１００円札と飴玉は僕の宝物～

もくじ

まえがき

本書にメインゲストとして登場する川内　美喜男氏は、㈱ティー・シー・エスの代表取締役社長です。福祉サービスを専門とする㈱ティー・シー・エスは、訪問入浴や老人ホーム、デイサービスなど、県内外の12事業所で介護サービスを展開。「戦中戦後を経験された方々があって、衣食住に恵まれた今がある。人生の先輩を敬う心は絶やしてはいけません」と川内氏は語る。

もう一人のメインゲストの工藤直彦氏は、論語、哲学、心理学などを学んでおり、音楽事務所アーティスティックコミュニティの代表取締役（本人は、ミュージシャンでもある）です。ちなみに、「万代宝書房」の名付け親は、工藤直彦氏です。

私はお二人との自然会話形式の鼎談《ていだん》をし、その内容は、まさに「知恵は万代の宝」と感じたのです（収録：二〇二〇年三月五日）。

そんな折、視聴者の方から、「是非、この内容を書籍にしてくれないだろうか？」との要望を受け、この度、「万代宝書房　万人の知恵チャンネル」で放映したお二人のライブトークの内容をテープ起こしして書籍化し、「人類の宝」として、国会図書館に贈呈し、後世に残すことにしました。

「人は幸せになるために生まれてきている」といわれています。しかし、我々は、「成功するための勉強」はしても、「幸せになるための勉強」は殆どしていません。
本書が、「幸せになるための勉強」の一助になれば、幸いです。

二〇二〇年八月吉日

万代宝書房　代表　釣部　人裕

万代宝書房について

みなさんのお仕事・志など、未常識だけど世の中にとって良いもの（こと）はたくさんあります。社会に広く知られるべきことはたくさんあります。それを出版という形で国会図書館に残します！

「万代宝書房」は、『人生は宝』、その宝を『人類の宝』まで高め、歴史に残しませんか？」をキャッチに二〇一九年七月に設立した出版社です。「実語教」に『富は一生の宝、知恵は万代の宝』という節があり、「お金はその人の一生を豊かにするだけだが、知恵は何世代にも引き継がれ多くの人の共通の宝となる」いう意味から頂きました。

アマゾンと自社サイトでの販売を基本としています。多くの読者と著者の共感をと支援を心よりお願いいたします。

二〇一九年七月八日　万代宝書房

第一話

高齢化が喜べる社会へ

～先輩たちは将来の自分～

核家族や単身世帯、この小さな世帯だけで社会が成り立っていくのでしょうか？そばに経験豊富な先輩がいなくてネットの検索情報だけで全て賄えますか？

介護事業を長く経営する川内美喜男氏は、介護を「ただの職業のひとつ」と捉えている若者に伝えたいことがあります。あなたの親世代は「長生きしてみるものだ。」と喜んでいますか？

祖父母に育てられた川内氏、高齢者冷遇の現状を目の当たりにし、違和感と義憤にかられ、「高齢の先輩に対する心」を事業活動として表現してきました。その伝えたいこととは？

高齢化社会を迎えた日本、誰もが親がいます。

1、「フェアレディZ」に携わるのが一番の夢だった！

釣部：はい。皆さんこんばんは。万代宝書房、『万人の知恵チャンネル』の時間になりました。ヒマナイヌスタジオ高円寺からお送りしております。今日はゲストに神奈川から川内美喜男さん、そして東京から工藤直彦さんに来ていただいております。どうぞよろしくお願いいいたします。

釣部：まず、川内さんから簡単な自己紹介お願いいいたします。

川内：はい。皆さんこんばんは。私は名前は川内美喜男と申します。九州は熊本の魔のVゾーンというか、山の中で育ちまして。東京だとビルの谷間だと分かるんですけど、向こうは山の谷間で、朝10時に日が出たら3時に日が沈むっていう素晴らしいVゾーンでございます。そこに大体18歳までいて、それで神奈川県の平塚市に引っ越してきまして、それから現在に至っています。

釣部：現在は介護事業をされているんですよね。

川内：はい。

釣部：ありがとうございます。工藤さんお願いします。

工藤：工藤直彦と申します。音楽事務所をやりながら哲学の私塾なんかをやらせていただいております。よろしくお願いします。

釣部：お願いいたします。

川内さんが、熊本から出てきて**ハウスクリーニング**を始めて、その後介護事業に進んでいくというのが、僕はどういうストーリーがあったのか知りたいと思いまして…。また、なんで熊本から東京に出てこられたんですか？

川内：実は私、車が大好きで、皆さん「フェアレディZ」という車、ご存じでしょうかね？僕、あの車が大好きで、車の中で「スカイラインGTR」という、その車と同じエンジンを積んでいる「フェアレディZ」があって、それ432エンジンといいまして、4バルブ、ツインキャブ、ツインカム、これどうでもいいんですけど、その車に携わりたくて、ずっと高校の時から。で、高校の時に整備士の免許を取って、それで日産が平塚に工場があって、そこに就職をしてきたっていうのが実情でございます。

実は平塚で「フェアレディZ」をつくっておりまして、そこに携わりたくて来たのに、2ヶ月くらいの研修の後に配置されたのはキャラバンの工場。これで、いきなり

やる気なくしましたですね。日産車体が平塚に3つぐらいの工場に分かれていて、それの一番端っこの方でキャラバンをつくってて、そこに配属されて5年間ほどやって、それから開業しました。もともと平塚に来たのは、そのフェアレディZに携わりたかったというのが一番の夢であったんです。

釣部：なるほどですね。

川内：そうしたらいっぺんも触れなかったんです。

釣部：車ではあるけれども、なんで俺こんなのつくってんだろうと…。

川内：なんでトラックなんだろうと…。

釣部：「フェアレディZ」の生産ラインの異動は見えないわけですね？　クソっと思いながら？

川内：クソと思いながら…。5年間耐えました。

2、先輩たちに対して敬う心は何もないのか？という苛立ち

釣部：それが何で今度はハウスクリーニングを？

川内：あと、布団の乾燥の仕事を開業したんです。皆さんご存じかな？布団の乾燥というと、施設・旅館・研修所・保養所だとか、そういうところの布団の乾燥とていうのが、その時は結構メッカであったんです。

自分が住んでいる平塚の周りに、伊豆・箱根・鎌倉だとか、昔は会社で結構保養所を持っていたものですから、その保養所の寝具の乾燥というのを手始めにやり始めて…。実はそれをやりながら、高齢者、あと障害者と独居老人。この在宅でいらっしゃる方の寝具の乾燥っていうのを、行政の委託でやっておりました。

これはもともと国庫補助でそういう委託事業がありまして、その仕事にあるきっかけがあり入札で取れて、それで携わることができました。実はそのハウスクリーニングも、その頃バブル絶頂期なんかはかなり儲かっていまして11月・12月は、それこそ寝袋持って走り回るぐらいの仕事量がありました。

釣部：何人ぐらいでスタートされたんですか？

川内：一人です。

釣部：お一人で？　布団乾燥って乾燥機を持っていって、布団に挟んで？

川内：1トン半ぐらいのトラックの後ろに乾燥室みたいのがついていて、部屋から布団を出してきて、そこで布団を乾燥して、それからまた部屋に戻すとていう仕事です。だから、特に箱根の強羅とか、千石とか、あっちの方はすごく湿気が半端ではなくて、だからその頃すごく喜ばれていました。

ハウスクリーニングはほんと儲かっていました。それで、後で若い人を何人か入れまして、それで結構飛び回っていました。

釣部：やろうと思えば、他の仕事もありましたよね。

㈱ティー・シー・エス
平塚に本社を構える当社は、湘南・足柄・横浜・伊豆・横浜・九州地方に、訪問入浴介護・デイサービス・サービス付き高齢者向け住宅等、在宅介護サービス事業に携わっている。長年の経験から㈱ティー・シー・エスが大事にしているもの…それは、「人を育てること」です。喜働するスタッフが提供するサービスは、**笑顔**が**いっぱい**。

ハウスクリーニングを選んだ理由というのは？

川内：ハウスクリーニングは、実は言っていいかどうか、クリーニングでは衣類関係では結構老舗の「白洋舎」という会社がありまして、そこが衣類関係の預かりに訪問して、また届ける、あそこはそういうシステムを作っているんです。

そういう方との付き合いが始まって、そこはハウスクリーニングの部隊を持ってなかったので、全部、他の業者に出していたんです。それをこの関東エリアを結構自分は取ることができました。それを自分の下請けに出したりだとかして、ハウスクリーニングに関しては、この「白洋舎」絡みで取ってもらって、そこに自分たちは部隊として入っていったというのが一番大きかったです。

釣部：そこから次に介護にいかれるわけですよね？

川内：そうです。同時期に布団の乾燥もやっていました。先ほど言いましたように布団の乾燥という仕事を行政から委託を受けることになりました。それは近くの、町名は言えませんけど、行政から委託を受けた家庭に、１３０名ぐらいいらっしゃって、それを月に1回布団の乾燥をやって、年に2回布団の丸洗いをしてお届けするという、こういう委託事業を受けたんです。その対象者っていうのが先ほど言いましたように、寝たきりの方と、独居でいらっしゃる方と、あと障害を持ってらっしゃる方が対象でありました。それを月に1回のお布団を取りにいってまたお届けする。

だいぶ前の話ですが、結構保守的な地域というのは特にそうなんですけど、あの頃、寝たきりの方を隠しているということがありました。汚いものに蓋をするみたいな…。

要は自分の中であり得ないような、押し入れの中に寝かされている方、倉庫みたいな所に寝ている方、一日中、日が当たらないようなとこに押し込められている方、ましてや、朝おにぎりポコンと置かれて、それで一日放っておかれる方もいました。

自分は九州の田舎から出てきて、その頃は、まだ私の祖父・祖母も元気な時だったもんですから…。僕は5人兄弟の末っ子で育って、そうすると、父母に育てられたというより、祖父・祖母に育てられたっていう感覚が強くて、だから年寄りに対してはすごく自分は特別な愛着をもっていて…。

自分が仕事でそういうところを訪問した時に、あまりにも疎外感というのか、先輩たちに対して敬う心は何もないなっていうのが、すごく自分の中で苛立ちがありました。

その後、ずっと委託事業であちこちやりながら、なんたるものだろうかなっていうのがあって…。それがやっぱり一番の介護業界に入るきっかけだったと思いますね。

釣部：その現実を見てひどいと…。そうであれば、自分がそうじゃない介護をしていこうという志を持って？

川内：何をやっていいか本当に分からなかったんです。でも、自分の田舎にいる年寄りとダブって…。ある日、あるおじいちゃんと話すんですね。「何でこんな状態なんだろうね？」みたいな話を…。そうしたら、「いや、いいんだよ。俺なんかは…」

要は特別養護老人ホームっていうのは、あの頃、養老院っていいました。

「(その姥捨て山みたいなところにおっぽっとかれないで）まだここにいるだけ、俺なんか幸せなんだ」

というお話されたんですね。

「お父さん。ここで生まれ、また自分でつくった家であるし、自分のところにいるの、当たり前ですよね」

「やっぱ養老院に入れられるやつが多いんだよ。でも、俺ここに置いてもらっているだけ、まだいいんだ」

これは私、違うと…。すごく地団駄踏んだ…。あの頃、22～23ですから。もう悔しくてしょうがないわけです。で、おばあちゃんは「ねえねえ、布団屋さん！」と声をかけてくれて、飴玉をくれたりするんです。その飴玉が昔は新聞紙に包んであって、開けてもベタベタになって食えないですよ。

弊社の象徴的な訪問入浴車

その頃まだ100円札がありまして、「今度、孫にやろうと思っていたんだけど、あんたが帰り何か買って帰んなよ」と言って、100円札をくれたりとか…。**今でもその頃の100円札と飴玉は僕の宝物で、今でもあります。**だから、自分の事務所に帰る途中に川があって、そこの橋の上で悔しくてなんとも言えないものがありましたですね。

それからいろいろ自分の中で考えた中に、**在宅で寝たきりになった場合、何が問題かっていうと、3つ、在宅の中で一番大変のものがあります。それは食事、それから排泄、それからお風呂です。**在宅で介護していく中には、その3つっていうのはすごく大事っていうか大変なことなんです。

日本の家屋は、障害を持ったらなかなか暮らしにくい家屋が多いんです。結構、北の方の寒いところに水場があって、お風呂自体に段差があって、お風呂自体もまたぎ高さというか、浴槽との入りに対しても、すごくお風呂での事故っていうのも多かったんです。だから、ある程度障害を持ったらお風呂が大変だなっていうんで、私はお風呂に関して勉強し始めたんです。

その時に、東京の葛飾っていうところで、自分のお布団の関係の仲間が「訪問入浴サービス」をやっていました。そこに少しの期間、修行に入りまして、それが最初の訪問入浴に携わったものでした。

3、いや、おばあちゃん、順番だよ

釣部：工藤さんは、今お母さんとお住まいですよね。ここまでお話聞いて、どんな感想というか思いですか？

工藤：私の母は昭和9年生まれなので85歳、今月の誕生日で86歳になるのかな。年相応にあちこちガタきていますけど、まだ頭はしっかりしている。でも耳も聞こえにくいし、言われたことも忘れるし、こういったようなことはありますよね。

川内さんのお話伺っていて、若い頃にこのまんまじゃいかんって一種の憤りに近いような、そういったのってすごいなと思って今聞いていました。実はお付き合いは随分長いことさせていただいているのですけれども、結構はじめて聞いた話で、なんか妙に感動している僕がいます。そうだったんだと思ってね。

　やっぱり年取っていくというのは、これ順番で絶対くるので…。昔歌ありましたよね。**「子ども叱るな来た道だもの。年寄り笑うな行く道だもの」**ってね。**その老いと付き合っていくことって、**昔は核家族じゃなかったので、誰もが自然に付き合ってきたことじゃない。**良い悪いとか、どうしようとかじゃなくって、付き合ってきたことじゃ**ない。それが今見る機会が減っているのかな？　だからそういう、簡単にいうと薄情だよね。**薄情な子や孫たちっていうのは、出てきてしまうのかなっていうのは感じます。**

釣部：僕もその橋の上で悔しかったっていうか憤ったっていう部分で、今の若者とか僕らの世代でも憤るのかな？という疑問を持っちゃって…。僕は小学校の頃、父母がおばあちゃんと一緒に住んだり、あと合わなくて離れたりとかを観て、子どもは親の面倒を見るもんだっていうのは、知らないなりに愚痴を聞きながらでも見ていたんですよね。

　今度、自分がというときは、自分が最期父を看取るということで、その時放っとけないという気持ちに…。**「一人で死なせるわけいかんでしょう、親父を…」という想いになったのは、どこで学んだのかなと思うと、親の姿かなって思うんですよね。**

　そうしたら、今のうちの息子たちはそれを見ていますから、どう思うのかは別ですけど…。今は看るとも看ないとも何も言わないし、僕も聞かないんですけれども…。それがさっき工藤さんが言った、代々看ていたもので、大事なものがもしかしたら失われつつあるのかなって気もしたんですけど…。

川内：それは絶対的にあってですね。こんな言い方すると誤解されるかもしれませんが、戦後75年の中に、ＧＨＱが支配した7年間の後に何が起きているかっていったら、**家族の崩壊**だと思うんですね。社会的にあれが崩壊された時に核家族がもう半端な量じゃない。

全国で確か今、一世帯あたり2・88人ぐらいなんです。東京なんか1・8人ぐらいしか…。一家族あたりという統計があると、我々は三世代ぐらいで暮らすのが当たり前な生活があって、じいちゃんの役目、ばあちゃんの役目、親父の役目、お袋の役目ってそれぞれあって、その中での例えば**おばあちゃんの知恵袋ではないけど、それぞれのものが孫に対しての影響があったりとか、やっぱりそばに年寄りがいるいないのでは全然違うような気がしますね。**だから、**今の若い子たちに何を伝えたいかっていうと、やっぱり順番だよっていうことを伝えたいですね。**もちろん福祉だけではなく社会的な保険制度、介護保険制度でもそうなんだけど、年金にしてもそうですけど将来に向かって保険が何のためにあるのかなっていうのは…。

あるお祖母ちゃんと話しした時に、**「悪いね。私なんかこんな長生きして、若いやつ**

に迷惑かけて…」っていう話をされて、その時に「いや、おばあちゃん。順番だよ」って言ったんですよ。要はおばあちゃんも自分のとこの舅（夫の父）・姑（夫の母）を何年も看られて、今度自分がその状態になって、それはやっぱり順番だよって話をしたときに、「そうか、順番か」と、結構分かっていただいたこともありました。

今の核家族の中に父ちゃんと、母ちゃんとだけで育った若い子に、その先輩たちの想いだとか、敬う気持ちだとか、それを言ってもなかなか伝わりにくいのもありますね。

今１９８名ぐらいうちの会社でいますけど、その中で7割近くは女性です。実際うちの会社で若い子たちが集っていて、その若い子たちと話をしても、やっぱりそういう核家族の中で育ってきた子に、年寄りに対しての尊厳的なものを話してもなかなか伝わりにくい。一昔前までうちの会社、こういう介護の業界に来てくれる子っていうのは、天使の輪っかをつけて、「こういうことをやりたい！」という子がいたんですけど、最近はいろんなＡＢＣＤ、いろんな職の中の一つとして捉えて来られるんで…。

少したら、もうサービス残業だとか、いろんなことを言われたり、そういう状況の中に伝えていかなきゃいけないものってあると思います。同じ日本人、ＤＮＡを持っているから、伝え響くようなことを言うと、やっぱりポンっと分かってくれる子っているんですね。

だから、**おじいちゃん、おばあちゃんがお風呂上りに独特の笑顔をします。「今まで**

令和元年５月１日、朝礼にて国旗掲揚、君が世斉唱

早くお迎えが来ればいいなと思っていたのが、長生きしてみるもんだよな。座敷で風呂に入れるとは思わなかった」みたいな。この感覚でお風呂上りにポッとピンク色に染まった顔で、「あー、気持ちよかった」と。あの言葉に若い子たちはボーンと感じるものがあって、最後の一回、もう一回お風呂入れてあげたいとか…。

我々の介護の仕事は、家族以外の他人が、一番最後に携わる者なんです。その中での家族でできないことも自分たちはサービスでやっているんですけど、その中で若い子たちに伝え方は、年代的に変わってはきましたけど、でも、日本の文化にあってもそうだし、国旗に対しても君が代にしてもちゃんと説明して言ったら、バーっと分かってくれる子ばっかりなんで…。

ただ、我々大人がそれ伝えることをちゃんとやってないような気がしますね。

第二話　敬う心がキレる現代人を救う！

～自分たちが使いたいサービスを作る～

誰でも自分に余裕があれば人にも優しくなれます。でも、誰もが毎日余裕をもっている訳ではありません。自分の限界を超えた事象が起こった時、人に優しくできるのか？　怒りに振り回されるのか？　どこに違いがでるのかと工藤直彦は問います。

介護事業を営む川内氏は、戦中戦後、この日本の現在を築いてくれた先輩たちに何を持って接すれば良いのか、具体的な現場の例を通して説きます。

介護に疲れた人に限らず、もっと広く世の中の大切な事を知りたい人も、是非読んでいただきたい内容です。

1、介護の現場は、チームワークで動く

釣部：第一話では最後、介護の抱える問題、食事・排泄・お風呂というお話を聞きましたが、川内さんの会社ではスローガンというのが毎年あるそうで、令和2年度は「自律・自助」というテーマになっておりますが、こういうテーマを決めた理由とか、スローガンを決めていることについてお話を聞きかせください。

川内：はい。分かりました。いつも12月にうちは最終的に集めて全体の研修をやるんですけれども、その時に来年のスローガンというところで、毎年発表してきているんです。今年この「**自律・自助**」というのを掲げさせていただいたのは、**自分の言っていることと、やっていることの交わりを大きくしていきたい**なというのと、**自分がやっていることに対しては、自己責任を取りたいなという想い**があって、皆さんにこれを一つひとつ説明しながら、この年はこういったかたちでやりたいというところで皆さんに…。各営業所に筆で書いたものを毎年、額に入れて飾ってもらっています。

釣部：この自律が自分を律するという方の漢字…。「立」じゃないんですよね。

川内：そうですね。はい。

釣部：「立」ではなく、「律」の字を選んでらっしゃるんですよね。これは介護やる上で大事な要素になってくるんですか？

川内：そうですね。別に利他の精神的なものを伝えたいということではないんですけど、介護の現場っていうのは結構チームワークで動くこともありますし、一人ですべてを賄わなきゃいけないっていうのもあるんです。でも、いずれにしても相手があってやるものですから、その方に対しての我々技術者として、どうやってその観察力を磨けるか、どういうふうに感じられるかというのもあって、それには**きちんと自分を知らないといけないな。それには自分自身が自律していなければ、なかなかそれに対して観察力が磨けない。**要は余裕がないとだめだと思うんです、いっぱいいっぱいでは…。

　やはり、介助していると突如として相手に

令和２年のスローガンは、「自律自助」

自律　自分で自分を律すること、他に振り回されることなく自分をコントロールする。

自助　自分で自分を助けること、自分の力で自分の向上発展を遂げること。

《依存心を捨て、すべてを自分の責任として対処していくこと》

「天は自ら助くる者を助くる者を助く」自律自助の精神がある人のみ、天はその力を与えてくれる。

変化がありますし、うちの施設、何箇所かありますけど、看取りもやるんですね。そうすると真夜中に異変があって、突如として息を引き取られる方もいらっしゃるわけで、それに対して慌てるんであれば技術者ではなくプロではない。自分を知ることも大事だろうなという中に、この律するということを入れさせてもらいました。

釣部：先日、ニュースで、施設で虐待があったっていうのがありましたが…。

川内：ありましたですね。

釣部：ああいうのっていうのは、僕らは酷いなとしか思わないというか、でも大変なんだろうな、その中でこの言葉を借りれば自分を律することができなくなったり、弱者をいじめて快感というか、マウンティングというんですかね。そういう優越感みたいなのを感じているのかなと思っちゃうんですけど、専門家から見ると、ああいう事件はどのように見られるんですか？

川内：ああやってマスメディアでバーッと出ると、氷山の一角みたいに捉えられるんですけど、ほとんどの人間は、汗かいて一生懸命やっている人ばっかりだと思います。たまにああいう人が出てくると、先ほど言いましたけど、介護をやりたくて来ているわけではなくて、いろんな仕事の中の一つとして捉えて来ると**人が物扱いになってしまう**…。

それは、介護だけではないんでしょうが、仕事に対しての誇りとか、自分のモチベーションをなんのためにやっているのかっていうのが見えなくなっている人が、ああいうふうに走ってしまうのかもしれません。

施設でのイベント

神奈川県でも何年前だったか、相模原で障害の子たちの施設で大変な事件があって、あの事件起こした人間は、ちょっと精神的に問題が…と言われればそれまでなんですけど、たまにああいう人が出てきてしまうっていうのは、ちょっと先ほ

ども申し上げましたが、**自分たち大人が若い子たちに伝える手段的なものをもうちょっと確立していかないと、面倒くさくしていてはダメなんだとに思いますね。**

2、自分の限界を超えた時、その人の本性が出てしまう！

釣部：施設ではなくても、僕、道路で何回も見たんですけど、たぶん徘徊されるような方で、お嫁さんか娘さんが、お父さんを叩いたり、叱責しているんですよね。そうしたら、シュンとされているんですけど、その姿を見て叩くなよとか、怒鳴るなよという想いと、たぶん僕は今の一回ですけど、この方は毎日、このような思いをされていて、そうしてしまうのだなって思って…。でも、何もできない自分というのを思うんですけど、そういうの工藤さんなんかどう思います？

工藤：実はですね、これいいのかな。でもいいか。ちゃんと言った方がいいね。
　私の家って、実は隣に伯父の一家がいたんです。過去形なんですけどね。ちょっと重かったらごめんね。一家離散状態になりました。理由は介護です。自分で介護やったんです。私の二つ上の従兄がいるんですけれども、その方が本当に頑張ったんですけど、簡単にいうと頑張り切れなかった。

私も何度も目撃しているんですけれども、怒鳴りつける、叩くっていうのをどうしても見てしまう。たまんないですね。それは筋の話をすれば、「老人に手を上げるとは何事だ。こら！」という話なんだろうけど、そうせざるを得ないほど追い込まれているんだろうなっていうのも身内故に分かるわけですよ。

最後は何が起きたかっていうと、行政に近所の方が通報して、連れていかれちゃったんです。もう子どもとは連絡が取れない状態になるんで…。弁護士を通じなきゃいけないっていうことで、最期は死に目に会えなかったんです。

私の中では結構事件なんですけど、これ大変なことだなと思いますよね。ちょっと壮大な話になっちゃうんだけれども、**本当の優しさって余裕がある時に優しくできるって、これ誰だってできると思うんだけれども、沸点というか許容範囲というのかな。何があっても穏やかでいられる。何があっても優しくいられる人間力っていうのを育てるというのをずっとやってこなかったと思う。**

だから、もともと気質的に精神力のある人間とか、穏やかな人間というのは、そういう時でも、大変な時でも人に優しくできるんだろうけれども、でも、そういう人ばかりじゃないですよね。そういうのが場合によったら過重労働になる、長時間労働にならざるを得ない時もあるだろうね。

自宅で介護している人は、仕事もかかえながら、家のこともやりながら、なおかつ年老いた自分の親の面倒も看なきゃいけないとなると、**自分の限界を超えてくる時あ**

るじゃないですか…。その時にその人の本性みたいのが出てしまう。余裕がある時は誰だっていい人だと思うんですよ。

そういうことってちゃんと学んでない、トレーニング受けてないですよね。たまたま先天的にそういう気質を持った人間だけができるだけじゃない。でも、何かやりようがあるんじゃないのかなって…。例えば、「じゃあ、道徳の教科書に入れればいいんかい」と、そういうことでもない気がするんだけれども、でも何かやりようがあるんじゃないのかなって思う。

私、哲学の塾をやっているものですから、私の哲学の師匠筋にあたる人が、子どもの塾を随分やろうとしていた人がいるんです。もう他界なさっているんです。子ども向けに寺子屋をやろうよって…。「何でですか？ 社会人教育大事じゃないですか？」と聞いたんですね。そうしたら、子どもの方が早いからって言うんです。「20年、頑張ってごらん」「教えた子たちが世の中に一人前に出てきているんだよ」「大人、変わんない、変わんない」「子どもだよ」「若い子の方を集めて教育した方が良いんだよ」、そういう先輩とかいたんですよ。

今、本当にそう思っているんです。辛いのは分かる。大変なのは分かるんだけれども、そういう時に非道なことをしてしまう、いわゆる酷いことをしてしまうか、それでいても、なおかつ、優しくあれるかと、どこが分かれ目になるかな？と思う。気質的なものだけで片付けることではないと思う。

ちゃんと刷り込む時期に刷り込んでいないんだろうと思う、たぶん。それが川内先輩が先ほどおっしゃったような、**ＧＨＱの時からそうなんだけれども、核家族化してっちゃったんで、優しさが育たなかったんですよ、ずっと。自分がずっと守ってもらうだけの立場で育つでしょう、今は…。**

　だから、自分よりも弱いもの、自分よりも力も弱いし生命力も弱いんだけれども、知恵だけはあるよとか…。元気はないんだけれども、経験持っているよとか。そういう人の能力っていろんなところがあるじゃないですか…。全部がパワフルであればいいってものでもないじゃない。

　そういった、「この人こういうところがいいよね！」と見れる力っていうのを育ててないんですよ。だから、年取ってくればそれなりに頑固になるし我儘（わがまま）になる。「勝手なことばっかり言いやがって」と、若い人は思うわけですよ、一緒に暮らしていればね。「あんたのために地球回ってんじゃないよ！」ぐらいのこと言っちゃうことがあるんだけれども、だけれども、それをもって否定することなのかなって…。良いところいっぱいあるわけじゃないですか…。

　今の人たちってみんな、そういうところを見られるように育ってないんですよ…。そこのところからやり直さないと根本的な解決にならないんじゃないのかな。**どんなシチュエーションでも優しくあれるってすごく大事だと思うんですけどね。**

3、自分たちが使いたいサービスをつくろうよ！

釣部：川内さんの場合、例えばさっきのお話だと、若い方をお風呂の瞬間のところとか、何かスイッチを入れるものを見て、それを会社で育てていっているということですか？

川内：そうですね。例えば2000年4月1日から介護保険制度がスタートしているんですね。その前というのは、行政からの委託で我々動いておりました。こちらの豊島区なら豊島区、練馬区なら練馬区から委託受けて1年間委託事業で取り組むんです。委託で動いている頃というのは、入っているお年寄りの先輩たちも、介護している娘・嫁、家族も、福祉の世話になることをすごく毛嫌っていました。

その頃というのは100％税金で介護が受けられていたわけですけど、例えば訪問の入浴っていうサービス。車の中にお風呂とボイラーを積んでいて、在宅で寝ていらっしゃるお布団・ベッドの横にお風呂を組み立ててお風呂入ってもらうんです。明治・大正の気骨なおじいちゃん、おばあちゃんだったら、お風呂大好きなんです。

清拭で体拭くだけではとても気持ちが晴れなくて、すごくお風呂大好きなんだけど、やっぱり福祉の世話になるのは嫌だとか、もっときついのは、家族・近所の方が「あそこの嫁は何やってんだ」って言うんです。「あそこの娘は、子どもたちは何やってんだよ」っていうふうに、すごく批判的に攻撃される。

だから、**自分たちが行政の委託で行っているときには、ほとんど車に看板付けていなかったです。何の用事で来てるか分からないようにした。**じゃないと、入っている方も家族もいろんな面で攻撃される。

だから、その頃、年寄りは嫁が看るもの、娘が看るものみたいな固定観念的。特に嫁さんなんかは特に大変な思いされているんですけど…。親戚からは、「何やってんだよ。長男の嫁は！」みたいに言われるんですね。

でも、分からないようにして行っても、うるさがたのおばあちゃんがいらっしゃって、「お前ら何やってんだ」と言う。「いや、ちょっと水道工事に来ています！」

笑顔いっぱいの若きスタッフ

と言ったら、「嘘つけ。お前ら先週も来てたな」みたいな…。よく見てらっしゃるんですよ。

　そうすると、そうやって近所からも攻撃受けられるのもあって…。やっぱり中にはお風呂に入ってもらうのがすごく大変な方がいます。だから、サービスを受けるということ自体もどうなんだろうな？　日本自体が介護っていう捉え方、でもアジアなんかの諸外国でも介護っていう言葉自体ないみたいですよ。

　何を言いたいかというと、別に英語でいうとケアでもない。お年寄りは子どもが看るものだというものが、今でもベトナムに行っても、インドネシアに行っても、フィリピンに行っても、当たり前にあるんだけど、日本の中では最近、さっき工藤さんも言われたように薄れてきているのがすごく怖いですよね。

　あの頃自分たちが分からないように行って、サービスを提供するのが、つらいものもあったし、確かにきれいごとではないんです。きとんと統計は取っていませんが、感覚では娘さんが面倒みているところではうまくいっていますね。お嫁さんがやっているところというのはいろいろ問題が…。

　寝ているおばあちゃんも、「この鬼嫁なんか、看てもらうもんか！」みたいな…。「このクソばばぁなんか、絶対看るもんか…」みたいなことおっしゃって、いろいろあるんですけど…。訪問看護だとか、ホームヘルパーだとか、いろいろなサービスというのは裸にすることはないです。我々が在宅に行くと、裸にしますよね。そうすると、隠れたところに、いっぱいあることもがあります。

我々は全部服を脱いでお風呂に入ってもらうんで、絶対見えないところに虐待の跡があるんです。だから、どこをつねっているのか、どこをいじめているのかっていうのは、お風呂に入ってもらうとすぐ分かりますね。

お年寄りっていうのはちょっと当たっただけで内出血するもんですが、それがどこかに当たって内出血したものなのか、つねられたものかって見たらすぐ分かります。そういうところというのは、お嫁さんがやっているケースもあります。**もちろん、全部じゃやないですよ、そんなことのないお嫁さんもいますよ。**言葉は優しいんです。「うちのお母さんはよくできて…」って言葉は…。

でも娘なんか「このババア。早く死にゃいいんだけどさ」。でも、その言葉は荒いんだけど、いつ行っても、すごい体もきれい、垢なんかあまり浮いてこないような…。いつも爪切っていらしゃるだとか…。

やっぱり我々が寝たきりの現場行くと、爪の中にうんこだらけだとか、いろんな状態がございますので、その中で、自分の思っている全体像からみると、娘さんが言いたい放題お互いやっている方が、介護の現場は正常に動いているような気がします。もちろん、例外はありますよ。

釣部：僕はうちの父を看取った時に、嫁が面倒看てくれて、父は僕には触らせないいんですよね、おしめもなんも…。ご飯とかは渡したら、自分で食うとかって。で、嚥下できなくてゲエするんですけど…。最初はやっぱり嫌だったみたいです。

嫁が最期の1週間ぐらいは泣いて喜んだんですよ、「お父さんが私を受け入れてくれたの…」と言って…。父が逝ってから、逆に2週間ぐらいロスのような状態になっちゃって、「私がお父さんを支えていたと思っていたけど、私がお父さんに支えられていたみたい」と言いました。

「この嫁、すげえなー」と思いました。言葉もありませんでした。父は、彼女にとって他人じゃないですか。やってもらうしかない中で、良い嫁をもらえたなっていってほんと言葉もなく…。私は、ただマッサージしたりとか、ただ、黙ってご飯とおかず作ろうかなとかぐらいしかできなかったんです。

僕、気になったのは、先ほど一番最期に関わる他人っていう介護職の方がと言いましたし、工藤さんの場合は身近な血の繋がりってお話もあって、今の話だと血の繋がりだよっていう部分もあって…。

川内：すべてではないと思いますけどね。

釣部：どう捉えるっていうのと、たぶん人間ってみんな愛でいたいじゃないですか？愛でいなかったら、無関心でいいはず…。

川内：そうですね。

釣部：僕思うんですけど、介護の技術がないっていうこととか、知識がないっていうことと、傾聴する力がないと思うんですよ。結構、お話を聴いているとそれで満足する方っていっぱいいますよね。でも聴いていても、「だから何言いたいの！」とか、「こっちだよ！」とか、言っちゃうんですよね、僕も…。

川内：そこがよく年寄り我儘だよねって、言葉あるじゃないですか？

そうじゃなくて、今までずっと我慢してこられたんですよね。戦争も経験し食うや食わずでここまで来たり、色々あって…。衣食住がきちんと日本の中には整えられて、どんな日本人でも、帰ったら屋根の付いている雨をしのげる家があったりとか、冷蔵庫を開けたら絶対食べ物があったりだとか、**その世の中をつくってきたのは我々の先輩であるんだろうから…**。

その方たちってずっと我慢して、で、ちょっと体が弱くなって少し思ったことを言い始めると、我儘になってしまう。この捉え方だと思うんですよね。

僕の女房がナースだったんですよ。彼女と二人、もう一人は近所のヘルパーさんと三人で、最初訪問入浴に取り掛かったんですけど、約1年ぐらいした時だったんですけど、あるお婆ちゃんがなかなかお風呂に入ってくれなくて、数えたら何十回通った

川内氏が鹿児島に行くといつも施設のスタッフが
「お帰りなさい」のプレート作って迎えてくれます。

か分かりません。顔見せに行って、「入ろうよ」って言っても、「いやー」って。お風呂大好きなおばあちゃんなんです。

そりゃそうだと思うんですよ。家族にさえ裸を見せたことないのが、赤の他人の前で服脱げないですよ、やっぱり。そういう感覚、羞恥心みたいなものっていうのは、我々が今のこの世の中、テレビの中に出てくるような裸同然のような女の子が、そういう時代であっても、うちの若いスタッフが入浴の研修だっていって、お風呂の体験させるんですけど、絶対に水着の上にTシャツとかパンツはいて、それでお風呂の体験しますから…。

それは誰も裸になれませんよ。でも、明治のおばあちゃんっていうのは、それの何百倍も恥ずかしいもの持ってらっしゃって、そういう方がお風呂に入るっていうのはすごく勇気がいることなんです。その方が初めて、何十回行った時に、「じゃあ、しょうがない、入ってやるよ」みたいにして入られて…。たぶん気持ち良くて体が緩んだと思うんですよ。私とナースとの間に、ポカーンとうんこが浮いてきました。その時ナースがおばあちゃんに分からないように、ポーンとティッシュで包んで隠したんです。

僕、これって感動しましたね。要は「あら、出ちゃったの！」って、これ言ったらもう二度とお風呂入りませんよね。自分の感覚ないんですから、お風呂で温まってちょっと緩んで、そこでポッと出たものであって…。それをわからないようにパッと隠して、なかったことのようにしてくれた。あの彼女の凄さっていうのは、こういうものを大事にしていかなきゃいけないなって思います。

こういうもの伝えていかなきゃいけないなっていうのは、今でも自分はあります。だから、こうやってやっていると、**先輩たちの尊厳だとか、いろんなものは言葉では簡単なんですけど、でもほんとに大変です。**特に認知症の方にいきなり下の物を投げられたりだとか、我々が帰った後に泥棒扱いされるだとか、いろんなものが毎日ありますけど、その中で自分たちが携わることによって、在宅での介護が少しでもお嫁さんなり、娘さんの時間が少しでも取れたらなとか、やっぱり昔の介護の現場っていうのは、最初にお話したように、寝たきりを隠すみたいなものをもっと表に出して…。

そういう方が何年もシーツも変えてもらってない、服も変えてもらってない、髪の毛ボサボサみたいな方が、少しでも最期の時間を大事にできたらいいなとか、自分たちが若い子たちにも伝えていく。自分たちがその状態になった時に、何をしたらいいのかなって…。

だからうちの会社、創業当時介護の業界に入った時から、もう言っていることは一つだけなんです。**自分たちが使いたいサービスをつくろうよ！** もうこの一本で、ずっと私きてるんです。だから、そこに向かいたいというのがあって、そこに賛同してくれるスタッフが、今集ってくれていると思っています。

釣部：それでつくったサービスの一つが、ケアプロ21ですね。

川内：はい、「サービス付き高齢者向け住宅　ケアプロ21」です。

3つの特徴がありまして、

①24時間スタッフが常駐し安否確認、緊急対応を行います。

②2階が女性専用フロアとなっており、女性ならではのプログラムを豊富にご用意しています。

③介護が必要な方には別途契約でさまざまな介護サービスが受けられます。

外観

看板

食堂

大浴場

個室

廊下

会社沿革

平成元年　設立。ハウスクリーニング等の業務開始。

平成 11 年　平塚本社で訪問入浴介護・居宅介護支援、横浜営業所で訪問入浴介護、湯河原営業所で訪問入浴介護を開始。

平成 12 年　平塚本社で福祉用具貸与、湯河原営業所で居宅介護支援、熊本営業所で訪問入浴介護を開始。

平成 13 年　横浜南営業所で、訪問入浴介護を開始。

平成 14 年　足柄営業所で訪問入浴介護を開始。

平成 16 年　「ケアプロ２１はだの」で通所介護（デイサービス）を開始。

平成 19 年　八代営業所で訪問入浴介護、「ケアプロ２１やつしろ」で、通称介護（デイサービス）、「ケアプロ２１いずみ」で住宅型有料老人ホーム・居宅介護支援等を開始。

平成 24 年　玉名営業所で、訪問入浴介護を開始。

平成 25 年　八代営業所で、居宅介護支援を開始。

平成 26 年　「ケアプロ２１いせはら」でサービス付き高齢者向け住宅・通所介護を開始。

平成 28 年　伊東営業所で、訪問入浴介護を開始。

平成 29 年　「ケアプロ２１とつか」でサービス付き高齢者向け住宅を開始。

第三話　損得勘定だけで失敗するな！

～人に喜んで頂いてこその人生～

永久不滅な物と一時好調の違い！

当初、事業は社員を養うためにも利益優先という考えだった川内氏。しかし倫理法人会に入って考えが変わったと…。

損得勘定よりも大切な本質に気づいた時に、事業経営も好転していきます。それは、事業を継続していく「そろばん」と、「理念」、その両輪を回していくコツを川内氏の長年の経験から、心がけの大切さとして説いていきます。

ピンチを脱した嘘みたいな話を体験談から語る川内氏。本質を捉えた事業経営を考えるなら必見の内容です。

1、これ、お袋、喜ぶかな？

釣部：一話・二話と介護についての深いお話をお聞きしました。三人の共通点は倫理法人会に入っているということで、川内さんも倫理法人会と出会いについて、お話を聞かせてください。

川内：はい。私が入ってもう16年ちょっと経ちますけど、自分は誰かに勧められて入ったのではないんです。あるお店に行って、そこで計算してもらうレジの横に『職場の教養』が置いてあったんです。我々が学んでいる冊子の『職場の教養』です。レジで計算してもらっている間に、自分でパラパラっと見て、毎日のことが書いてあるので、こりゃすごいなと思いました。実はその時に、朝礼とか夕礼とか、いろんなものにこだわっていてもなかなか出来ていなかったんです。

それが一つのツールになるんじゃないかなと思って…。実は『職場の教養』は、我々朝礼で活用させてもらっているものなんですけど、その一番後ろに書いてある自分のところの会社に一番近いところに電話をしまして、それで入れてもらったのがきっかけでございました。

釣部：その後、紆余曲折があったと思うんですけど…。

川内：そうですね。自分の中にお年寄りに対してとか、障害者に対してという思いは、たぶん人一倍強かったような気がします。別に自分が優しいとか愛があるとか、そういうものではなくて、自分の育った環境からすると、もともとそういうものあったような育て方されたものですから…。それを若い人たちにどう伝えてあげたらいいのかというので迷っていて、毎日朝礼に対しても研修会に対しても、僕は上から目線でずっと怒っていたんです。怒鳴り続けて。

「その言い方は、先輩に対して失礼だろう！」

「お前らは誰に育ててもらってるんだよ！」

「どっから生まれてきたんだよ！」

みたいな、そういうことばっかり言っていました。それで、倫理法人会に入らせてもらって、いろんなものに先輩たちからも教わることも多かったです。

もちろん、夜中酒を飲んでばっかりの人間が、朝からセミナーに行くとは、青天の霹靂みたいなもんですから…。そういう中での朝の活動、朝活みたいなものに対して自分の意識が研ぎ澄まされていくのを感じました、朝のモーニングセミナーに行くことによって…。

それで、我々が学んでいる栞（『万人幸福の栞』）の中に書いてあるものに対しても、もう当たり前のことなんだけど、自分がやってこれてなかったものが、すべてそこにあったもんですから、そこの学びっていうのは大きかったです。

私は、損か得かでずっとやっていたんです。これ儲かるか儲かんないかって…。こういう仕事入っているにもかかわらず、ここは5万円ぐらいの仕事であれば、次10万円の仕事が来たら、これおっぽって10万円の仕事を取っていたような商売をやっていました。

もちろん、社員に飯を食わせなきゃいけない。家族を養わせなきゃいけないっていう利益ばっかり追求する時期もあったもんですから…。

倫理を学びながら、ちょっと変わっていったっていうのが、ある意味損かどうかってのはあって当たり前だと思うんですけど、倫理に入ってからは自分の親父、お袋も16年前、17年前に他界しましたので、学びながら損か得かから、これは死んだお袋・親父が喜ぶかどうかに変わったんです。

自分が決心して何かをやるという形の中に、こんな言い方して申し訳ない。かあちゃん喜ぶかなっていう感覚に変わっていったんです。会社のリーダーをやっていると、毎日みたいに決裁しなきゃいけないこと、決めなきゃいけないことっていうのが、小さいながらもあるんですけど、その時に**「これ、お袋、喜ぶかな?」っていうことを思って判断しています。**

実は自分が九州からこっちに来るときに、5人兄弟の中に末っ子の自分だけがこっち来てて、4人兄弟みんな田舎にいるんです。だから、親父・お袋も僕がこっち来ること大反対。「なんでそんな関東に行かなきゃいけないんだ」っていう感じでした。

僕は18歳までずっと親父・お袋に悔し涙というか、申し訳ない悪さを結構やっていたものですから、そういう涙を流させていました。僕は18歳で向こうから来る時にも、絶対涙は流させない。今度は嬉し涙流させてやるって誓ったんです。

自分が28歳の時に神奈川県平塚市に家を建てて、その時に親父が見に来てくれた時に、親父が私の家を見て涙流してくれたんですよ。

だから、自分の中には体験として、こういうものを一つひとつ重ねてきたことによって、先輩に対しての敬う気持ちも、また、子供みたいになっているかもしれないけど、重ねていくことができたんだろうな…。だから、若い子たちにもいろんなものを重ねてもらいたいなと思うんです。

おかげさまでうちの社員も倫理法人会に結構何箇所も入らせてもらっていて、各幹部はすべてモーニングセミナー行ってもらっていますし、九州の4ヶ所もこっちの関東エリアにしても、今12ヶ所ありますけど、そこのリーダーはなんか倫理に絡んでもらっています。それはありがたいなというふうに思います。

釣部：その変化は、何か大きなエピソードがあったわけじゃなく、毎日コツコツいろんな講話聞いたり、いろんなセミナー出たりする中で、少しずつ少しずつ畳の目一つひとつずつ気が付いて、ふと見たら親に対する尊敬だったり、年配者、先輩に対する尊敬が芽生えていたという、そういう感じですか？

川内：僕らの中には会社を大きくしようとかいうのは最初から、今でもないです。よく起業したら上場してなんぼだみたいなのあったりするでしょう。僕、その感覚一切なくて、会社大きくするより良い会社つくりたいなって、それだけで今まできたんです。

毎日毎日携わっているその仕事の中に、会社はこうあるべきだとかいう感覚ではなくて、お年寄りに対して、障害者に対して1日でも多く、この国に生まれたことに対しても、またその順番的にいろんなもの考えるにしても、感謝を言えるような人が一人でも多くいたら良いなというふうに思います。

釣部：よく、会社なんかで外のセミナー、外っていう言い方は変ですけども、売上目標立ててるとか、10年後の支店をいくつつくっていきたいだとか立てろっていわれますけども、そういう形ではなく、やっていったら必要に迫られてそこに支所を出すとか、お話が来てそれをやってくれないかというふうになって、気がついたら今の状態になっているし、おそらくこれからも親が喜ぶかどうかって判断基準でやって、増えれば増えるしっていうことなんですか？。

川内：そうですね。

避難所で入浴サービスを提供したときの記事

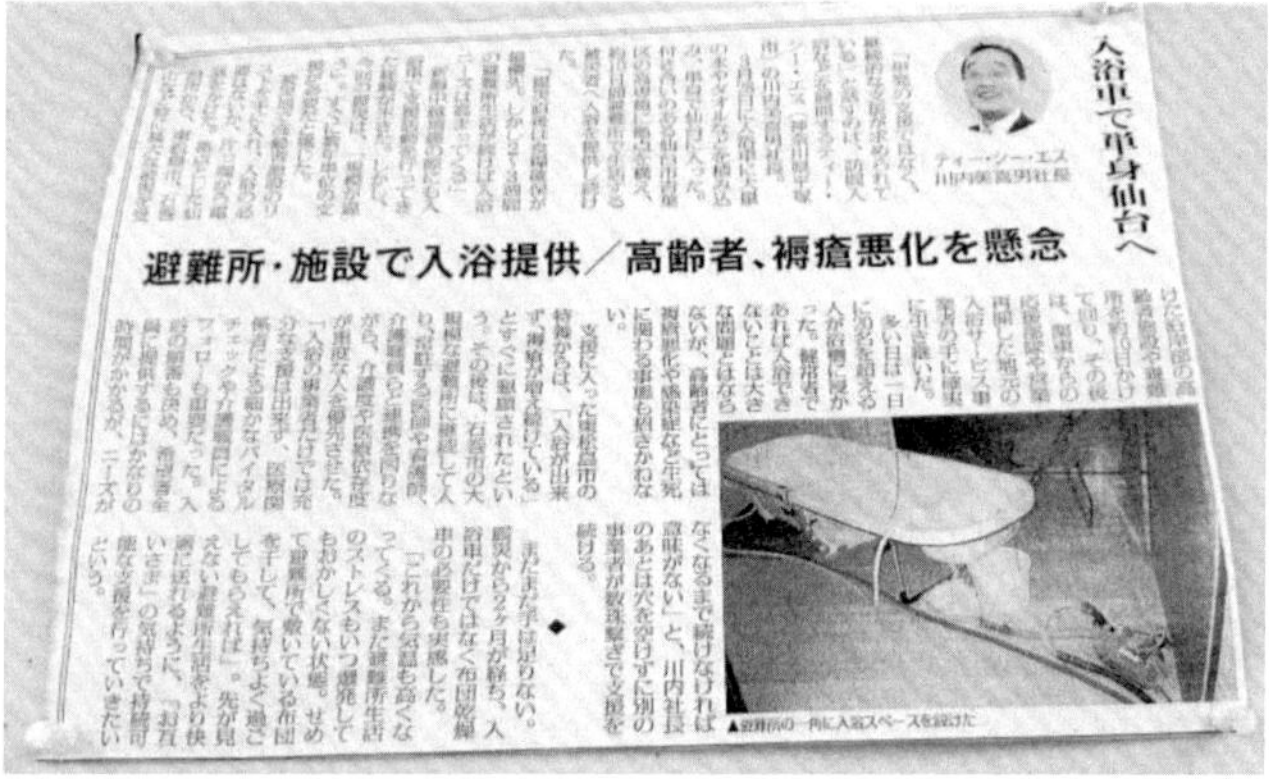
入浴車で単身仙台へ

ティー・シー・エス
川内美喜男社長

避難所・施設で入浴提供／高齢者、褥瘡悪化を懸念

釣部：工藤さんこの辺はどう思われますか？

工藤：すごいですね。本当にすごいなと思って聞いていました。**価値基準が儲かるか儲からないかではなく、「お母さん、喜ぶかな？」というところになったっていうのが、実は本当にミソ**で…。その後おっしゃっていた、良い会社にしたい、つまり**良い会社にするっていうことと、お母ちゃんに喜んでもらうっていうのが、たぶん同意語**だと思って、僕、今聞こえたんですよ。

だから、もちろん儲かる方が良いかもしれないけれども、そうじゃなくて生き方として、**親に恥じない生き方をしていく。その経営をしていった時に、良い会社ですよね、**

ですから、倫理の会員さん企業でも本当によくある話ですよね、これって。儲かるか儲からないかではなくて、価値基準が変わって、変わっていく人ってすごく多いじゃないですか、この勉強会って…。

川内：渋沢栄一の『論語と算盤』、あの感覚というのは、結構我々介護の分野で経営をしていかないといけないので利益は出さないといかない。社員の給料はコストではないですけど。日常業務の中で彼女たちにあんまり経営的な、そろばん的なことばかり言うと、介護っていう奉仕みたいな、そういう感覚持っている子には、のれんに腕押しみたいなところもあったりとかするんです。

でも、やっぱり会社を運営していくには、利益を出さないと存続していけない。始めた以上は存続していかないといけない。私も創業して40年、会社を設立して30年。会社をつくって今32期になりまし

渋沢栄一：1840（天保11）年埼玉県深谷市の農家に生まれる。家業の畑作、藍玉の製造・販売、養蚕を手伝う一方、27歳の時、15代将軍となった徳川慶喜の実弟・後の水戸藩主、徳川昭武に随行しパリの万国博覧会を見学するほか欧州諸国の実情を見聞。明治維新となり欧州から帰国した栄一は、「商法会所」を静岡に設立、その後明治政府に招かれ大蔵省の一員として新しい国づくりに深く関わる。1873（明治6）年に大蔵省を辞した後、一民間経済人として活動した。第一国立銀行を拠点に、株式会社組織による企業の創設・育成に力を入れ、また、「道徳経済合一説」を説き続け、生涯に約500もの企業に関わったといわれている。約600の教育機関・社会公共事業の支援並びに民間外交に尽力した。享年91歳。

たけど、その中でも継続していくっていう中には、特に商売の中で言われるんですけど、やっぱり赤字ばっかりでは飯が食えません。

介護保険の前の行政の委託の時には、うち無借金だったんです。要は委託でやっている時って月末で請求上げたら、次の月の15日〜20日の間にはもう振り込まれているんです。ところが2000年4月1日から介護保険がスタートしたら、2ヶ月の売掛が発生する。振り込まれるのが2ヶ月後なんです。

そうすると、運転資金どうしても回りませんね。そっからうちは借金生活ですけど。初めてそこで運転資金っていうのを借りて、それからずっと…。

自分たちが介護の現場で先輩たちからいろいろなもの学んでいるんです。めんどくさい仕事に我々は携わっていて、そこに自分たちのサービスが生きていく。でも、**他の仕事より私は介護の仕事で良かったなと思います。毎日気付かされているものがあるし、たぶん、そこにうちのスタッフ連中も学ぶものが少なからずあるんじゃないかなと思いますね。**

2、自分を褒められるより、社員褒められたら何倍も嬉しい！

釣部：今、お話で理念の部分と経営の部分で、若い人たち、女性のスタッフにはあまり経営の話は伝えないということでしたが、伝えるスタッフと伝えないスタッフとに部門で分けていらっしゃるんですか?

川内:月に1回、各部門の所長連中が集まって会議するんですけど、その時も半分は数字、半分は精神論を話しします。**全体会議でやるときには、9割は精神的なもの**です。うちは**毎月月次を出しますけど、それ全部社員に公開しています。**

私だけが取締役での報酬もらっていますけど、あとうちの取締役連中、**みんな給料ですので、私だけが役員報酬っていうのはいただいていて、それ全部公開しています。**私がいくら報酬もらっているのかって…。その中にいくら利益出ているのか、いくら赤字になったのかっていうのを全部みんな知っています。

数字はみんな公開しています。1割しか数字のこと全体会議では言いませんけど、これじゃあどうやって飯食うんだろうなっていうの感じてくれると思います。

釣部:そのオープンにしているということが、無言の教育ではないですけども、説明になっているという…。

川内:ちょっとそれで家計簿の中でも、給料10万円もらって、11万円使っていたら1万円の赤字だよねって、そういう話はしますよ。それでいうと、会社もどういうふうにして金が回っているかっていう話は毎回しないと、やっぱり分かってもらえませんので…。

それより、**何のためにやっているのか？ 何のために働いているのか？というのが大事**だと思っていて、「また、あいつ同じこと言っている」と社員に思われていますよ（笑）。そればっかり繰り返して言いますから…。

釣部：僕は見習わなきゃだめですね。僕は経営のこともだし、スタッフとかアルバイトとか、知っている仲間とか、ちょっと経営のことも分かってよって思っちゃうし、言っちゃうんですよね。じゃあ、全部オープンにしているかっていうと、オープンにしてないし…。**やっぱり全部オープンにした後は、どんな想いでこの事業を立ち上げたかっていうことでいいんですよね。**目の前でそれで成功されている方を見ると…。

川内：成功しているかどうか分かりませんけどね、とりあえず、自分が何でこれをやっていて、何が自分が楽しいかとか、自分が何をやっている時が笑顔になれるかっていう、ここが僕は究極求めるところで、要は**自分を褒められるより、自分のところの社員褒められたら、何倍も嬉しかったりとか…**。自分褒められるより子ども褒められたら何百倍も嬉しかったりとか、そういう感覚ってありますよね。そういうのが大事だなっていうふうに思うんですよね。

だから、**何をもって自分が笑顔になるか、楽しいかっていうのは、彼女たち、彼らの家族の笑顔見ている時が一番楽しいですもんね。**だから先ほど言いましたように、求められてここに施設つくってほしいな。ここのところに拠点出してほしいな。それで求められてただ広がってきただけなんですね。それ以上僕は大きくしたくない。だって目が届かなくなるなと思いますもんね。

朝礼での挨拶の様子

釣部：自分たちが使いたいサービスをしなさい、しようよって言っているけど、やっぱり利益の部分で各会社の方や事業所のトップの方は、たぶん悩んでらっしゃると思うんですよね、現実としては。そこで理念の方に、9割もって全部オープンでいけるかどうかっていうことが、簡単におっしゃいますけど、僕すごいことじゃないかと思うんです。

川内：もう頭の中で次の金をどっから引っ張ってこようかみたいなね。それはしょっちゅうですよ。今、1000万円足らない。でも、今すぐ500万を払わなきゃいけないみたいな時、結構あるんですよ。でも、500万円しかない。倫理を学んでいると、この500万円払って、あと500万円引っ張ってくればいいからみたいに考えられるんですよ。だから、この500万を今日払わなきゃいけないと払っちゃうんですよ。そうすると、プラスαで入ってくるのということが不思議にありますね。これが嘘みたいだけど本当にあるんですよ。我々倫理を学んでいる者からすると、出せば入るっていう法則、結構皆さんから教わりますけど。「自分が出さないから入ってこないんだよ」みたいな、ありますね。

釣部：お話としては聞けますけど、じゃあ本当に皆さんね、通帳見て出せますかっていう、そこですよね。それができるようになるのに、倫理法人会に入ってお勉強されて、いろいろ他の実践を含めてやった時に、「あ、これだな！」って思える瞬間があって。その時は保障なんてないですもんね。

川内：ないです。

釣部：だめだったら変な話、倒産とかっていうことだけど、それが32期続いている…。

3、誰しも商売始めたら感動する場面がある、それを忘れない！

川内：これは突如として奇跡が起こったわけではなくて、昔、教わった中に**奇跡というのは信じてもいいけど頼ってはいけない**というのがあります。僕はそういうものって結構頼っていましたが、今は信じていますね。要は我々が倫理なんかで学んでいても、**よく偶然だっていう話ししますけど、すべてが必然的にものは起こっていますね。**

敬老の日のイベント（伊勢原）

だから、そういうものの中にきれいごとで「出したら入んだよ」と、本当はどうなのかって思いますけど、ここんとこうちの会社も本当に厳しかったのが、実は今世の中を騒がしてるコロナのウイルス関係…。実はこれが発表されたことによって、すごいことが経済的に起こっているんですけど、そのおかげで今、保証協会の１００％保証しますってボーンと来るわけですよ。「あ、これ使えるじゃん！」と。

研修後の懇親会

ということは、うち会社まだ倒産しないなと…。だからこういうものをどういうふうに捉えるかです。たまたまコロナウイルスで今中小企業大変だから、こういうものを手当てしましょうみたいなのが発表されるんですけど、それだってうちからするとプラスなわけですよ。

もう保証額がギリギリやっているとするじゃないですか。そうすると、また別枠で100%保証しますよっていうのが。またここで3000万円借りられるかな？　そんな感覚ありますけどね。

自分の中にこうしたいっていうのを信じてれば、それが自分の中に課されてきたもの、要はある方が大変だからちょっと面倒見てあげるぞっていう方も現れるのも、**自分が今までやってきたことに対して、裏表があったりだとか、そこに人をごまかしていたとか、あったらたぶんそういう人は現れないんですよ。**

だから、いきなり奇跡が現れたわけじゃなくて。ずっとそういうものを積み重ねてきてないと、たぶん、自分の話も人は聞いてくれないしというふうな感じはあります。

釣部：その欲しいものが、僕の言葉にすると自分の幸せですけど、自分の幸せとは何かというと、利用者さんの幸せであり、従業員さんの笑顔。その姿を見るのが自分の幸せであるというところから動くから、そこには結局お金って言葉はないですよね。

川内：ないですね。

釣部：そういう中で事業が拡大し、お金がなんであれギリギリであれ、回るという状態が起きるということを川内さんも信じ切れると…。

川内：信じ切れる。

釣部：なので、またそのループで回っていくっていうことですよね。

川内：でも、危機はしょっちゅうあるんですよ、やっぱり。会社の中で僕しか知らない金の動きっていうのはありますから…。そうすると、**それはいつも危機感あります。**でも、これが不思議と回りますね。ありがたいなと思って…。

釣部：お話を聞いていると回る気がしてきますよね、自分も。皆さんもそうじゃないですか？ 工藤さん、いかがですか？

工藤：いや、今日勉強になりましたね。私いつもより全然しゃべってないもんね。ひたすら聴いてて…（笑）。

川内：ちょっとしゃべり過ぎたかな（笑）

工藤：いえいえ。本当に勉強になります。私、音楽のことやっているので、コロナ関係でいうと、たぶん最もダメージのある業種の一つじゃないですかね。もう全部のイベント中止ですからね。

さっきもちょっと打ち合わせの時、話したんですけど、いただいちゃったものをお返しする、払い戻しに関しては当たり前のことなんですけれども、利益が出るという前提で予定しているものってあるじゃないですか…。

例えば、会場費払うとか、諸々の支払いとかね。それは入ってくるものがあるからっていうので組み立てているもので、入ってくるものがなかったら…。だけれども刷り物も作っちゃった。会場も取っちゃった。そういったものって全部赤字になるんですよ。

で、普段からお世話になっているライブハウスさんなんかであれば、「まあまあ、こういう時ですから…」と言って、そこら辺は話し合えるんですけれども、そういうところばかりでもないので…。あとは、企画を組んでスポンサーさんを募っちゃって、お金をいただいてしまったところというのは、話が違うじゃないかってことになるんで、今度は違約金って話になる。もらった協賛金を返せばいいってことではなくなってくるんです。そんなことでどうしようって頭抱えていたんで、今日良いヒントいただきまして、もう払っちゃうしかないですね。倫理指導いただいたみたい今横で…。決めました。払っちゃいます。

川内：払った方がいいね。

工藤：払っちゃえばいい。そうね。はい。ありがとうございます。

釣部：最後になりますが、川内さんから若手といいますか、まあ何歳から若いかは別として、後輩経営者に何かアドバイスしていただきたいと思います。お願いいたします。

川内：はい。やっぱり創業者であれば、開業した時の想いだとか。二代目・三代目であれば、先代から何の想いで継いできて、その先代の想いだとか…。やっぱりあると思うんです。我々倫理の中でもその付近のことは結構細かく教えてもらいますけど、**何のためにこの仕事やっているのかな？**というのがありますね。

でも、絶対気付く継続していく中に、ところどころ**自分の感動を与えてくれるもの現れているんですよね。**例えば、先ほどおばあちゃんのお風呂の話をしましたけど、僕は今でも頑固にこの仕事から離れられないなっていうのが一つだけあって、それはあの明治・大正のおばあちゃんっていうのは、黒髪だったりとか、お歯黒っていう、おしゃれに関して髪の毛は女の命だよみたいな、あの時代ですよ。

すごく髪の毛が長いおばあちゃんがいらっしゃって、行くたびにシャンプーも3～4回しないとだめだし、すごく時間がかかるおばあちゃんだったんですけど、それを見ていた娘さんが、「ほんと、いつも申し訳ないね」と言われていて、洗ってもらっているおばあちゃんも、「申し訳ないね、時間かかって」と…。

それでも、我々は洗うことがすごく楽しくて、おばあちゃんとお話しするのが楽しかったです。

でも、1年ちょっと入っていただいて、ある時に行ったら丸坊主だったんです。我々スタッフがびっくりしまして、「おばあちゃん、どうしたの?」と言ったら、おばあちゃんが一言、「こっちの方が楽なんだ」って言われたんですよ。

確かに坊主の方が介護する側も娘さんも簡単だし、毎日、髪を梳とかなくてもいいし、おばあちゃんが一言、「この方が便利なんだ」って言われる…。**あれに僕は涙したんですね。なんてことするんだろう!って思ったわけですよ。**

そのおばあちゃんの坊主になった頭を洗いながら、こういうことを一つひとつ自分たちが感じていかないと、本当に先輩たちに申し訳ないなと思うんですね。**自分たちが年を重ねていって、介護をされる側になった時に自分たちがどういうサービスだったら、気持ちよく携わっていけるのかなという想いがあるんですね。**

その辺が**誰しも商売始めたら感動する場面っていうのは、人と人でなくても物を創作している時でもあると思うんです。そういうものを忘れてほしくないですね。**そういうものを自分で丹念に落としているものがあったら、それを大事にしてもらって、なんかの危機の時には、そこに踏ん張れるものが僕はあると思います。

もう、今年いっぱい、12月31日でお金をこれだけつくらないとっていう時、少なからず我々もありますので、その中で生きてこれたっていうのは、**自分の中に続けなければ先輩に申し訳ないなって、それだけですよ。**

若い人たちに今も30年したら老舗っていわれるらしいんですけど、そこまでこれたというのは、**想いは飾りでもきれいごとでもなくて、僕は商売やっていく中には大事なものだと思っています**から…。信念の下に金融機関との折衝にしても、やっぱり熱い想いはくんでくれますので…。

だから、ただ単に決算書の数字だけでは、なかなか融資は起きないことも僕は知ってます。そういうところが大事なのかなと思います。

釣部：本当に素晴らしいお話で、今日聴いた話もバトンをもらって、僕は今出版っていう形なので、それで続けていきます。

今日はどうもありがとうございました。

川内さん、工藤さん、ギャラリーの皆さんありがとうございました。

川内：ありがとうございました。

工藤：ありがとうございました。

会社方針

地域密着型の福祉サービスが基本と考え、その地域に合ったサービス、その方と家族に安心してもらえるようなサービスを構築できるよう、日々の研修を積み重ね、技術の向上に社員一丸となって努力しているところでございます。
私達の目標は「自分が使いたいサービス、家族に利用してもらいたいサービス」を掲げております。

代表取締役メッセージ

世界に類のみない、超高齢化社会になると言われ、
２０００年に介護保険がスタートしました。
てさぐりの中で行われる制度では、だれもが納得いくサービスを構築するのも難しい限りです。
私達がこの現状を考える中で、高齢者が「長生きが罪」等と思われることに、猛省をしなければ成らないことが少なくありません。
先輩たちがこの平和な日本を創ってくれたことに、少しでも恩返しをしなければ成らないと考え、弊社では、「自分が使いたいサービス」を常に考え、
地域に密着し、自分を大事にし、家族を大事にするスタッフ教育を邁進してまいります。

編集後記

収録終了後の懇親会の席で、川内さんは、震災ボランティアにも行かれていることも話してくれました。地震や台風など災害にあったと地域の方には、少しでも何かできることはないかと思い、お風呂に入っていただきたいと思い、活動をしているとのことでした。お願いして、画像を何点かお借りしたので、紹介させていただきます。

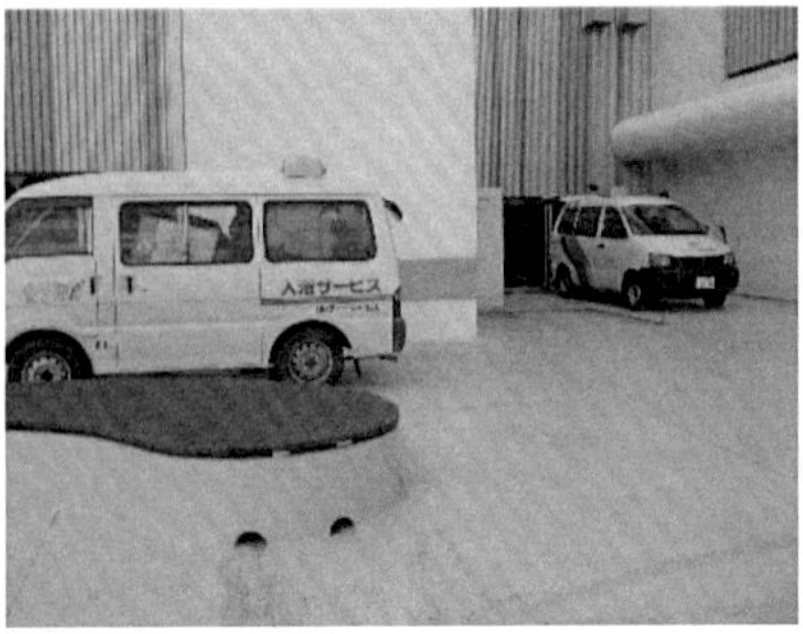

プール施設が避難所になっていたので、
そこで入浴ボランティをさせていただきました。

【川内美喜男プロフィール】
熊本県の高校を卒業後、平塚市内の自動車関連会社に就職。ほどなくして寝具乾燥などを手がけるハウスクリーニング業を起業。そこで、不遇な在宅生活を過ごす高齢者の姿を目にし、「お風呂に入れてもらえなかったり、部屋の枕元に冷えた握り飯が置かれていたり。田舎では育ててもらった両親を世話するのは当たり前だった」と違和感から、まだ介護サービスの草創期、周囲の反対もある中で介護事業への参入を決めた。福祉サービスを専門とする㈱ティー・シー・エス
ん」代表取締役社長。訪問入浴や老人ホーム、デイサービスなど、県内外の13事業所で介護サービスを展開。

㈱ティー・シー・エス
〒259-1205
神奈川県平塚市土屋７７２－１
TEL 0463-59-0311
ホームページ　http://www.tcs-h.co.jp

【工藤直彦プロフィール】
音楽事務所 アーティスティックコミュニティ代表、論語、哲学、心理学などを学んでいる。

オンラインサロン

万人の知恵チャンネル

介護をされる側になった時に自分たちが使いたいサービスをつくる！

会社を大きくするより、良い会社つくりたい

～今でもあの１００円札と飴玉は僕の宝物～

2020年9月14日 第2刷発行
著　者　川内美喜男
　　　　工藤　直彦
編　集　万代宝書房
発行者　釣部 人裕
発行所　万代宝書房
〒170-0013 東京都練馬区桜台1丁目6-5
ワタナベビル102
電話 080-3916-9383　FAX 03-6914-5474
ホームページ：http://bandaiho.com/
メール：info@bandaiho.com
印刷・製本　日藤印刷株式会社

ISBN　978-4-910064-26-0　C0036

装丁・デザイン／伝堂 弓月